Max Walther

Wenn dies so ist
(Gott hat etwas anderes zu tun)
Philosophisches Essay

Max Walther

Wenn dies so ist

(Gott hat etwas anderes zu tun)

Philosophisches Essay

Rediroma-Verlag

Bibliografische Information der Deutschen Nationalbibliothek:
Die Deutsche Nationalbibliothek verzeichnet diese Publikation in der Deutschen Nationalbibliografie; detaillierte bibliografische Daten sind im Internet über http://portal.dnb.de abrufbar.

ISBN 978-3-98527-642-4

Umschlagillustration: Lisa Henke

Dieses Buch steht zum freien Download zur Verfügung auf:
http://www.rediroma-verlag.de/downloads/978-3-98527-642-4.pdf

Danke an die vielen geduldigen Lektorinnen und Lektoren.

www.rediroma-verlag.de
12,95 Euro (D)

Widmung

Gewidmet dem Journalisten Prof. Dr. Christian Stöcker und allen gleichgesinnten Mitstreiterinnen und Mitstreitern – sie dürfen die Hoffnung auf Veränderung nicht aufgeben.

Albert Camus schreibt in seinem Buch „Der Mythos des Sisyphos", dass es nur ein wirklich ernstes philosophisches Problem gäbe: den Suizid[1]. *Denn es sei an sich unklar, ob das Leben lebenswert ist oder nicht. Die Antwort auf die Sinnfrage des Lebens sei daher die dringendste aller Fragen.*[2]

Nach dieser Eröffnung der Diskussion zeigt Albert Camus eine klare Haltung auf.[3] Er lässt hierbei jedoch bewusst einen zentralen Aspekt offen: Gibt es ein Ziel oder einen festen Punkt, an dem sich orientiert werden kann?[4]

Geprägt von dieser zentralen Frage wird in diesem Essay eine weiterführende, logische und konsequente Schlussfolgerung gezogen, die sich aus der Wahrnehmung von Absurdität in unserer Welt ergibt.

---

[1]Camus verwendet hier den Begriff „Selbstmord".

[2]Vgl. Camus, Albert: *Der Mythos des Sisyphos*, Vincent von Wroblewsky (Übers.), Reinbek bei Hamburg: Rowohlt-Verlag, 1999, S. 11 ff.

[3]Diese wird auch am Ende *dieses* Buches beschrieben.

[4]In der Übertragung von Archimedes' Spruch auf das Philosophische: *„Gebt mir einen festen Punkt, und ich hebe die Welt aus den Angeln."*

Intention des Titelbildes (in Anlehnung an das Buch von Camus "Der Mythos von Sisyphos" und die Fußnote S. 105 dieses Buches):
Der umgedrehte Bergrücken symbolisiert den Perspektivwechsel, mit dem Sisyphos den Gipfel wahrnimmt, auf den er als Strafe der Götter für alle Zeiten einen Stein rollen soll: Als er erkennt, dass wir Menschen mit unseren Bemühungen um die Welt ohnehin ständig gegen Widerstände ankämpfen müssen, steht das Erreichen des Gipfels als Erlösung nicht mehr im Vordergrund. Denn das Erreichen des Ziels würde seine Lebenswelt ohnehin nicht entscheidend verändern.

Gliederung

1. Definitionen

1. Definitionen
1.01

Zu Beginn ein Einschwingen in das Thema. Die folgenden Aussagen werden vorausgesetzt:

- Es gibt kein Leben ohne Empfindung.[5]
- Alles Leben kann Leid empfinden.
- Empfinden und Seele bedingen einander.[6] [7]

Durch Ableiten und Erfahren ergeben sich die folgenden Schlussfolgerungen:

- Wenn sich etwas logisch ableiten lässt, auch wenn wir es innerlich nicht begreifen wollen, ist es dennoch richtig.
- Wenn wir etwas durch geprüfte Wahrnehmung und Empathie erkennen können und wenn das Erkannte dann nicht der Logik widerspricht, müssen wir davon ausgehen, dass es real ist.

---

[5]In gewisser Weise ist die Empfindung das, was den Begriff des Lebens ausmacht. Damit bildet diese einen Gegensatz zur Reaktion, die zum Beispiel auch eine Computersteuerung mit Sensoren realisieren kann. Dazu später mehr.

[6]Unterschiedlich, aber untrennbar.

[7]Diese Aussagen werden im Folgenden noch plausibilisiert werden.

Mit dieser Grundlage gehe ich der Frage nach: Was wissen wir über andere Menschen und über andere Lebewesen?

1. Definitionen
1.02

Da wir selbst Menschen sind, wissen wir, dass Menschen leiden können: Jede und jeder von uns hat bereits einmal Leid erfahren.

Ebenso wissen wir, dass Tiere leiden können. Es bedarf nur eines Mindestmaßes an Einfühlungsvermögen und eines Blicks in die Augen eines Säugetieres, um zu wissen, dass es Qualen ebenso wie ein Mensch empfinden kann.

So unterscheidet sich das Leiden eines Tieres nicht vom Leiden eines Menschen: Denn empfundenes Leid ist empfundenes Leid. Bewusstsein ist Bewusstsein. Das Leid füllt das Bewusstsein aus. Es gibt keinen logischen Grund für die Annahme, dass das Leid eines Tieres weniger Gewicht haben sollte als das Leiden eines Menschen. Denn aus der Sicht des leidenden Wesens sind Tragweite und Dimension dieser Erfahrung jeweils gleich.

Es ist eine Frage der Erziehung und des Selbstschutzes des Menschen, dass er sich nur schwer in eine Fliege einfühlen kann. Aber wenn sich eine Fliege quält, warum sollte sie dann weniger empfinden als ein anderes Tier oder als ein Mensch? Wer eine Fliege quält, weiß, dass diese sich wehrt und zu entkommen versucht, dass sie überleben und sich aus dem Leiden herauswinden will.

Und warum sollte eine Fliege nur so tun, als empfinde sie Qualen? Sie fühlt. Sie quält sich. Und für sie hat das Leiden dieselbe Dimension wie für einen Menschen unter ähnlichen Umständen.

Und wer bereits einmal einer Fliege[8] beim Sterben zugesehen hat, weiß, dass auch dieser Kampf ein mächtiger Kampf ist – und etwas Großes.

Einen Menschen, der sich dessen bewusst wird und dies nicht abtut, kann die Wahrnehmung der Welt unendlich traurig machen.

[8]... oder einem sehr kleinen Insekt, das gar nicht weiß, dass es klein ist ...

1. Definitionen
1.03

Einige Begrifflichkeiten und ihre Verwendung bedürfen noch der Klärung.

So erweist sich beispielsweise die Definition des Begriffs „Seele“ als schwierig, da dieser sich bisher wissenschaftlicher Präzision entzieht. Ich möchte mich dieser Frage mit einem Differenzansatz nähern, indem ich beschreibe, was ohne Seele fehlt.

Die Funktionsweise von Computern ist gut bekannt. Wenn nun ein linearer Computer sehr groß – extrem groß – gebaut würde, wäre er dann in der Lage, ab einer gewissen Größe zu empfinden?

Solange keine künstliche Intelligenz eingesetzt wird, ist dies nach dem derzeitigen Kenntnisstand nicht der Fall.[9] Denn was sollte bei der Extrapolation, der Fortschreibung von linearen Prozessen, plötzlich nichtlinear werden?[10] Welcher zusätzliche Effekt könnte

---

[9] Selbst unter dem Einsatz künstlicher Intelligenz ist derzeit unklar, ob eine Programmierung ab einer gewissen Komplexität oder einer bestimmten Größe eigene Empfindungen entwickeln könnte.

[10] Ich gehe davon aus, dass nichtlineare Effekte die Voraussetzung für Gefühle und Empfindungen sind.

bei der Hochdimensionierung linearer Computer auftreten? Die Entstehung von Empfindungen auf diesem Wege ist schwer vorstellbar.

Könnten *durch zufällige Fehler*, die ab einer gewissen Größe im Computer auftreten, nichtlineare Effekte entstehen, die sich in die Richtung von Empfindungen entwickeln?[11] Dies ist sehr unwahrscheinlich, denn zufällige Fehler würden nicht geordnet und reproduzierbar in eine ähnliche Richtung zeigen: und somit kaum wieder ein sich selbst gleichartiges System erzeugen – in gleicher Weise wie wir Lebewesen einander ähnlich sind. Bei einer Entstehung aus einem zufälligen Fehler wäre jedes Lebewesen eine eigene Art. Aber Arten sind sich untereinander in ihren Merkmalen ähnlich.

Eine andere Möglichkeit wäre, dass Fehler systematisch (und nicht zufällig) auftreten und auf diese Weise Empfindungen in einem System hervorrufen, wodurch dann Lebewe-

---

[11] Nichtlineare Effekte können ebenso bei linearen Programmen auftreten, zum Beispiel bei der Nutzung von Algorithmen im Bereich der künstlichen Intelligenz. Aber falls ein Computer aufgrund einer solchen Programmierung und der damit verbundenen Auswirkungen tatsächlich zu empfinden begänne, müssten wir auch ihm eine Seele zugestehen.

sen entstehen: Dann wäre es nur noch eine Frage der Bewertung, ob ein „Fehler“ dann auch wirklich ein Fehler ist.
Und wenn ein entsprechender fehlerfreier Computer hergestellt würde, wäre er dann der Möglichkeit der Seele beraubt? Dies ist unwahrscheinlich.

Als „Seele“ wird hier das bezeichnet, was als Ergänzung hinzugefügt werden muss oder was durch eine komplexe Programmierung entsteht[12], damit sich ein linearer Computer oder eine lineare Programmierung wie ein lebendiges Wesen fühlt und wie ein Lebewesen empfindet.

---

[12]... denn das kann nicht direkt programmiert werden, das muss sich durch Vorgabe einer Struktur aus einem Kern weiterentwickeln.

1. Definitionen
1.04

Seele bedingt eine Innenwahrnehmung. Sie benötigt kein Äußeres und nimmt ohne Sensorik wahr. Die Wahrnehmung des Inneren bedeutet daher, dass etwas abgegrenzt werden muss.[13]

So entsteht mit der Seele auch das Bewusstsein, im Sinne von: „sich bewusst sein".[14]

Ohne die Seelen von Lebewesen wäre die Welt nur eine Ansammlung an Verhaltensweisen. Von außen betrachtet, sähe diese gleich aus; sie würde sich jedoch anders anfühlen. Alles Lebendige hat eine Seele, alles, was eine Seele hat, ist lebendig.

Und: Seele wird zur Seele durch Empfindung, Empfindung ist für die Seele eine Notwendigkeit. Denn ein Empfinden ohne Seele ist reine Sensorik.

---

[13] Dazu: Ricoeur, Paul: *Das Selbst als ein Anderer*, Wilhelm Fink Verlag, 2001.

[14] Glücklicherweise besitzen Gegenstände weder ein Bewusstsein noch eine Seele oder ein Gerechtigkeitsgefühl. Hier müssen wir keine Rücksicht nehmen. Wir sollten unsere Kinder darüber informieren, bevor sie Andersens Märchen lesen.

1. Definitionen
1.05

Worin besteht der Zusammenhang zwischen Seele und Empfindung?

Die sensorische Wahrnehmung führt noch nicht zu einer Empfindung. Was sich intuitiv schnell erschließt, ist jedoch nicht ohne Aufwand logisch präzise abgrenzbar.

Empfindung benötigt eine Sinneswahrnehmung. Die Wahrnehmung allein reicht jedoch nicht aus. Denn Empfindung benötigt im Gegensatz zur sensorischen Wahrnehmung eine Selbstreflexion, eine zweite Instanz in sich selbst. Im Wort selbst ist die Frage impliziert: Wer empfindet?[15]

Eine Maschine wird niemals schmecken, sondern nur in der Lage sein, Geschmack zu analysieren und eine Reaktion darauf zu simulieren. Geschmacksempfindung und -wahrnehmung sind also in jedem Fall unterschiedlich.

Eine Maschine kann vielleicht ein Bild malen, das Menschen als schön empfinden, oder ein Musikstück schreiben, das ein

[15]Das Sensorische braucht eine Erweiterung, um zur Empfindung zu werden, und diese ist nur eine Voraussetzung für die Seele.

Mensch als „tiefgründig“ empfindet. Aber sie ist von sich aus nicht in der Lage, das Musikstück einer anderen Maschine als wunderbar zu empfinden: Sie kann nur entlang jener Parameter analysieren, anhand derer sie gelernt hat, Dinge als schön zu empfinden.

Ein Roboter ohne Empfindungen könnte nie von Gefühlen überwältigt werden. Eine künstliche Intelligenz ohne Seele, also eine Maschine, kann ein Gedicht schreiben – aber niemals die Bedeutung und Essenz für den Menschen, der es aufnimmt, verstehen. Die Empfindung von Tiefsinn ist ihr fremd. Das Gedicht *wahrzunehmen* ist ihr nicht möglich, jede Wahrnehmung wäre eine Simulation, eine Täuschung. Für den Menschen ist es das Überraschende, das über seine aktuellen Gedanken Hinausgehende, was bleibt. Ohne Empfindung ist jede Kunst seelenlos.

Warum nehme ich eine Abhängigkeit von der Seele zur Empfindung an?
Wenn in die Implementation eines Roboters eingegriffen wird, kann bereits eine kleine Modifikation dazu führen, dass er das Gegenteil des Vorherigen schlussfolgert.
So ist das, was durch ein Programm erzeugt wird, nicht mit der Empfindung – im Falle ei-

ner Programmierung: mit dem Computer – verbunden, weil durch eine kleine Abänderung auch das Gegenteil von dem vorher Empfundenen wahrgenommen werden kann und es damit nicht „echt“ ist.
Wenn diese Art von Empfindung bereits durch eine geringfügige Veränderung eine gegenteilige Wirkung hervorrufen kann, hat der Roboter keine Seele. Denn eine Eigenschaft der Seele ist, dass diese gegenüber äußeren Einflüssen primär beständig ist.

1. Definitionen
1.06

Wenn ein Roboter keine Seele hat, kann er auch nicht leiden – Empfindung allein genügt hierfür nicht.

Die Fähigkeit zu leiden und die Fähigkeit zu sterben, stehen in direktem Zusammenhang: Was nicht leiden kann, kann nicht sterben. Und nur was sterben kann, kann auch leiden.[16] [17]

Leiden und Leben sind folglich untrennbar miteinander verbunden. Das bedeutet: Alle Lebewesen haben eine Seele. Und was eine Seele hat, kann Leid empfinden.

---

[16]Es gibt *kein* Gegenbeispiel.

[17]Die Macht des Überlebenskampfes von vom Tod bedrohten Lebewesen zeigt dies eindrücklich.

1. Definitionen
1.07

Mir ist bewusst, dass die Geschichte der Seele und des Leides von Tieren und Pflanzen eine lange Tradition der Verleugnung ihrer Empfindungen hat. Ich bin mir zudem bewusst, dass der Widerstand dagegen, Tiere und Pflanzen[18] als dem Menschen *gleichwertige* Mitgeschöpfe zu betrachten – ungeachtet der unbestreitbar überlegenen Intelligenz des Menschen[19] – in vielen Lebensauffassungen, Religionen und Ansichten tief verankert ist.

Bei Tieren kann man es nicht wegdiskutieren: Wenn sich ein Tier quält, quält es sich tatsächlich.[20] Es wäre höchst unlogisch zu

---

[18]Der Begriff „Tiere und Pflanzen“ wird hier umfassend verwendet für Lebewesen. Natürlich sind auch Fische Tiere. Auch zähle ich z.B. Pilze und alle anderen Lebewesen mit, auch wenn diese biologisch gesehen eigentlich eine andere Kategorie (das dritte große Ökoreich eukaryotischer Lebewesen) eröffnen. Der Doppelbegriff ist hier also umfassend gemeint.

[19]So können beispielsweise nur Menschen – manche Menschen – höhere Mathematik oder komplexe Spiele wie Schach oder Go beherrschen.

[20]Manche Tiere können sogar simulieren. Sie spielen etwas vor, um eine bestimmte Reaktion hervorzurufen. Hunde zum Beispiel können leidender erscheinen, als sie eigentlich empfinden. Allerdings tun sie dies in einer Interaktion mit einem anderen Individuum, um etwas zu bewirken. →

glauben, dass es ohne Zweck, einfach so, nur geplagt erscheinen will – wozu auch? Nichts könnte das begründen, da für Simulation kein Anlass in jeder irgendwie erdenkbaren sinnvollen Welt besteht. Aus dem Empfinden von Leid kann geschlussfolgert werden: Tiere besitzen eine Seele.

Auch bei Pflanzen ist dieser Umstand bekannt: Eine Schlingpflanze zum Beispiel tastet und reagiert. Dies setzt eine Analyse voraus. Sie prüft. Der dann folgenden Reaktion liegt eine Entscheidung zugrunde. Diese Entscheidung folgt einer Wahrnehmung. Wahrnehmung benötigt wiederum eine Empfindung, *ohne die keine Bewertung stattfinden könnte* (die Bewertung, diesen Platz zu nehmen oder zu verwerfen).

Mit einer Reaktion, die eine Empfindung voraussetzt, kommt auch die Empfindung von Leid bei Pflanzen – denn Pflanzen können sterben. Und wenn wir ihnen nicht die Eigenschaften eines Lebewesens absprechen, folgt daraus, dass wir Pflanzen eine Seele zuschreiben *müssen*.

Pflanzen sind dabei sowieso nicht eindeutig von Tieren zu trennen: Die biologische Kate-

---

← Aber: Ein Lebewesen, das Schmerz verspürt, empfindet diesen auch ohne die Anwesenheit anderer.

gorisierung[21] grenzt nicht eindeutig ab, und es gibt breite Übergangsbereiche.

Alles, was Seele hat, lebt. Alles was lebt, hat eine Seele. Die zweite dieser Feststellungen bedarf im Folgenden einer Plausibilisierung.

[21]… die sogenannten „Reiche“ …

1. Definitionen
1.08

Die folgenden Aussagen sind unzweifelhaft: Pflanzen leben. Sie kombinieren und sie reagieren. Reagieren ohne zu denken ist nicht möglich. Dennoch sind viele Menschen der Auffassung, dass dies alles aus einem Instinkt heraus geschehe und keine tiefere Wahrnehmung erfordere.

Instinkt ist genetisch vererbtes, inneres, erlerntes Wissen mit einer unbewussten Anweisung für ein Verhalten. Es führt zu Instinktreaktionen durch Schlüsselreize, die sich selbst ähnlich sind. So ermöglicht der Instinkt, auf die gleichen Probleme immer gleich zu reagieren, ohne nachzudenken – das spart Energie, Zeit und ist einfach. Gleichzeitig erweist es sich als ein hilfreiches Prinzip der Evolution für das Überleben einer Art durch eine „Statistik der vielen“ – ausreichend viele überleben. Das ist hilfreich für die Arten, von denen viele überleben dürften, aber schwierig und möglicherweise tödlich für die einzelne Kreatur, die stirbt, *weil* sie ihrem Instinkt folgt.

Wenn wir die Pflanzen ansehen – wie diese sich verhalten, wie sie Probleme lösen, wenn die Natur sie an einem Ort platziert hat, der für ihre eigentliche Lebensweise suboptimal ist –, dann können wir klar davon ausgehen, *dass Pflanzen überlegen und daher abseits vom Instinkt denken können*. Wir wissen, dass sie miteinander kommunizieren und flexibel agieren und reagieren. Ihre Entscheidungen sind jedoch *zu* vielfältig, um diese *ausschließlich* auf Instinkt zurückführen zu können: anderes Problem – andere Lösung, und zwar ungeachtet der Tatsache, dass sie auch Instinkte besitzen wie jedes Lebewesen. Das heißt: Pflanzen empfinden und müssen somit eine Seele haben.

1. Definitionen
1.09

Ein weiteres Bindeglied fehlt noch: die Verbindung zwischen Denken und Empfinden.

Nach dem, was bisher über Computer bekannt ist, kann davon ausgegangen werden, dass Denken (oder denkähnliche Muster, die das Denken so genau imitieren, dass wir von außen nicht unterscheiden können, ob es sich um Denken oder eine Simulation davon handelt) auch ohne Empfindungen möglich ist.

Doch wie verhält es sich mit dem Empfinden? Besteht die Möglichkeit, dass dies ohne Denken möglich ist? Ich möchte diese Frage grundsätzlich klären, um Zweifel daran zu widerlegen, dass Pflanzen genauso fühlen können wie Tiere und Menschen.

Der zentrale Ansatz besteht darin, alle Lebewesen, unabhängig von ihrer Art, als gleichwertig in der Tiefe ihrer Empfindungen zu betrachten.

1. Definitionen
1.10

Wie soeben beschrieben: Pflanzen reagieren. Ob sich eine Pflanze ihrer selbst bewusst ist, bleibt unklar. Aber sie nimmt wahr und reagiert erstaunlich rational. Die Lösungen, die zum Beispiel Bäume an für sie äußerst unangenehmen Orten zeigen, wirken gut durchdacht – so klug und individuell und situationsgerecht umgesetzt erscheinen die von ihnen ausgewählten Ideen, wenn sie sich an steilen Felswänden in den Bergen festklammern oder, durch Blitzschlag teilweise zerstört und halb gefällt, sich wieder aufrichten.

Es kann festgehalten werden: Es *ist* so, wie es ist und wie es aussieht. Es reicht nicht aus, zu erkennen, dass Pflanzen Lösungen suchen und finden, wenn man ihnen dann aber die Fähigkeit zum Denken und zur rationalen Entscheidung abspricht, nur weil es uns Menschen an Empathie zu ihnen und an einer gemeinsamen Sprache fehlt.

1. Definitionen
1.11

Um mich der Antwort auf die Frage nach dem Zusammenhang zwischen Denken und Empfinden auch noch auf eine andere Weise zu nähern, werde ich einen gedanklichen Exkurs unternehmen.

Es ist eines der tiefsten Grundmerkmale des Menschen, dass er in sich selbst dialogisch aufgebaut ist. Einige Beispiele:[22]

- In einer ungehinderten Welt Gedanken aufbauen und schaffen und diese dann selbst korrigieren – eine Stimme im Menschen ist frei und erschafft, während die andere bewertet und freigibt: Nachdenken.
- Eine Stimme schlägt Handlungen vor, eine andere bewertet: Gewissen.
- Die Sinne signalisieren, wobei eine Instanz aufnimmt und eine andere auswertet und an die Gefühlswelt weiterleitet: Empfindung.

---

[22] Dazu: Buber, Martin: *Werke: Erster Band, Schriften zur Philosophie*: Beiträge zu einer philosophischen Anthropologie I-V, Berlin, Deutschland: Lambert Schneider Verlag, 1962, S. 409 ff.

- Was wir wollen, was wir sollen, was wir machen: Scham.

Dieses dialogische Prinzip ist für den Menschen von grundlegender Bedeutung und findet sich auch an vielen weiteren Stellen wieder. Ohne dieses doppelte System gäbe es keine Möglichkeit, strategisch auf die Umwelt zu reagieren.

Es gibt *keinen* Grund davon auszugehen, dass dieses Prinzip nur für Menschen gilt.

Wir können, ja, wir müssen sogar vermuten, dass *alle* Lebewesen ein Gewissen haben.[23]

---

[23] Aber wir können sicher sein, dass dieses Gewissen einem anderen Wertesystem unterliegt.

1. Definitionen
1.12

Denken und Empfinden sind Bestandteile des Lebens.[24]

Wo Leben beginnt, ist nur schwer abgrenzbar: Bereits ein Samen und Wasser ergeben neues Leben. Was genau es ist, können wir allgemeingültig im Moment noch nicht verstehen: Lebt ein herumliegender Samen? Oder beginnt dieser erst durch den Kontakt mit Wasser zu leben? Und falls ja, warum?

Falls es so ist, dass jedes Samenkorn Leben in sich trägt und bereits durch Wasser geweckt wird, und falls wirklich *alle* Lebewesen – Tiere, Pflanzen und alles andere – in voller Breite sterben, denken und fühlen und diese Schlussfolgerungen kombiniert werden,

[24]Noch einmal die Argumentationskette: Die Suche nach Lösungen für ein wahrgenommenes Problem erfordert Reflexion in Form von Denken.
Wir müssen davon ausgehen, dass auch Pflanzen überlegen und denken können. Denn wir können erkennen, dass Pflanzen Probleme lösen können. Und wir sollten alle Vorurteile ausräumen, dass dies nicht der Fall ist, nur weil uns Pflanzen als Spezies und deren Kommunikationsformen nicht vertraut genug sind.
Wir können erkennen, dass Pflanzen wahrnehmen und empfinden. Sie haben damit eine Seele: vielleicht eine, die etwas weniger komplex ist als die des Menschen, aber dennoch eine Seele.

stellt sich schon bald die Frage, wohin solche Überlegungen führen. Dann wird diese Welt in der zu folgernden Größe und Komplexität schnell verwirrend, unübersichtlich und unvorstellbar.

Es gilt jedoch der alte Satz: „Die Gedanken sind frei." Und es darf keine Angst vor dem Denken und dem geben, was als Schlussfolgerung befürchtet werden kann. Auch nicht vor dem Ergebnis des Denkens: Alles darf gedacht werden.[25] Selbst wenn das Ergebnis des Denkens zunächst unübersichtlich groß erscheint oder das Abgeleitete weit über das hinausgeht, was gefühlsmäßig erfasst werden kann.

[25]Denn eine Denkweise nach dem Prinzip „Weil nicht sein kann, was nicht sein darf", führt konsequent in eine Sackgasse.

2. Überlebenswillen

2. Überlebenswillen

2.01

Eine Wespe an einer Fensterscheibe hat nur ein Ziel: Sie will hinaus. Für sie ist es auf Dauer tödlich, nicht nach außen zu gelangen.

Im Laufe ihrer Entwicklung hat sie eine „Instinktprogrammierung" mitgegeben bekommen, die ihr sagt, dass dort, wo sich Licht befindet, auch ihre Freiheit ist. Glasscheiben kamen in ihrer Evolution bisher nicht vor.

Für die Wespe hinter der Fensterscheibe ist ihr derzeitiger Aufenthaltsort eine Tragödie: Gefangen, durch ihren Instinkt daran gehindert, andere Lösungen zu suchen, kämpft sie bis zum Schluss um ihr Überleben – bis zur letzten Möglichkeit. Und hört damit erst auf, wenn sie stirbt.

Ein Mensch oder ein größeres Tier, das wir empathisch besser erfassen können (weil es uns vertrauter ist), würde eine für uns schreckliche, lange Demonstration eines Todeskampfes zeigen. Etwas, das wir, mit etwas mehr Einfühlungsvermögen ausgestattet, wegen seiner Traurigkeit kaum ertragen könnten.

Wir überstehen es nur, dem Leiden der Wespe zuzusehen, weil unsere Fähigkeit zur

Empathie ihr gegenüber zu gering ist: Sie ist uns als Spezies zu fremd.

Es gibt jedoch keinen Hinweis darauf, dass der Kampf der Wespe weniger wert ist oder weniger respektiert werden sollte als der eines anderen Tieres oder eines Menschen in der gleichen Situation.[26]

---

[26]Aber warum hat die Wespe unter dem Ziel des Überlebens nicht die Möglichkeit, ihr Instinktprogramm „Flieg zum Licht, dort ist die Freiheit" (was für sie „Flieg gegen die Scheibe, bis du tot bist" bedeutet) gegen ein Programm „Sieh, ob es eventuell einen anderen Weg zur Sonne gibt" zu überschreiben?

Die Natur kümmert sich nicht um einzelne Lebewesen – und auch nicht um Entwicklungsgeschwindigkeit. Sie kümmert sich ebenfalls nicht um eine einzelne Art oder viele Arten. Sie hat Zeit. Das Schema heißt: Versuch und Irrtum – mit den Lebewesen. Und ein komplexer Algorithmus wie der genannte, der die Möglichkeit bietet, nach einem anderen Weg zu suchen, braucht Entwicklungszeit. Vor allem, wenn es, auf die Gesamtheit gesehen, nur wenige Betroffene gibt, weil eine relativ seltene neue Situation eingetreten ist. Und vor allem, wenn es notwendig wäre, Intelligenz für einen neuen Weg zu trainieren. Damit wird aber dem einzelnen Lebewesen die Möglichkeit genommen, hier auf eine neue Weise zu reagieren. Das ist dann einfach Pech für das betroffene Wesen.

2. Überlebenswillen
2.02

Bei grundlegenderer Betrachtung kann davon ausgegangen werden, dass den bisherigen Beobachtungen ein wesentliches Prinzip zugrunde liegt:

„Das Ziel ist Leben."

Und aus der Anwendung dieses Prinzips entsteht ein System, nämlich die Welt, in der wir leben, unsere Außenwelt.

Es ist ein Satz, der sofort unterschreibbar ist, so selbstverständlich und einfach klingt er.[27] Aus dieser Aussage ergibt sich jedoch unmittelbar ein Konflikt. Denn um zu leben,

---

[27] Als Gedankenausflug: Der physikalische Begriff der Entropie könnte als „Verstreuung" oder Dispersion beschrieben werden – die Ordnung in einem grenzenlosen System diffundiert über die Zeit und löst sich auf; Moleküle verteilen sich im feldlosen Raum. Entropie beschreibt die Zerstreuung in diesem: Bei diesem Sich-Verteilen gibt es keine Rückkehr zur Ordnung aus sich selbst heraus.
Das Entstehen von Leben unter den Voraussetzungen, die dieses physikalische Prinzip vorgibt, lässt sich vielleicht als ein „anti-entropisches Gegenprinzip" beschreiben. Das heißt nicht, dass es gegen die Physik spricht. Woher aber der zielgerichtete Aufwand und die Energie zum Sortieren der Entstehung von Leben kommt (durch die das Leben aus der „Unordnung der Umwelt" so hervorgeholt wird, dass Lebewesen entstehen), ist derzeit nur erahnbar. Der einfach klingende Satz „Das Ziel ist Leben" hat also einen komplexen Hintergrund.

muss man töten. Dieser Konflikt hat umfassende Auswirkungen – vor allem auf unser Gewissen und unser Selbstbild, aber auch auf unser Bewusstsein und unser Selbstverständnis.

Dieses Prinzip betrifft uns überall und könnte somit eine der wesentlichen Grundlagen für die Gestaltung unserer Umwelt sein. Und: Der Anwendungsbereich scheint ein umfassender zu sein: Das Prinzip gilt überall.

Alles, was lebt, jedes einzelne Lebewesen, ist mit dem Willen zum Überleben ausgestattet – Menschen, Tiere und Pflanzen.

- Aus dem Blickwinkel eines Systems: Jede Kreatur muss überleben wollen.
- Alles soll leben und wehrt sich so gegen die Entropie: jenes physikalische Prinzip, das den Zerfall von allem vorschreibt.
- Und: Alles, was lebt, hat eine Seele und will diese Seele bewahren.
- Das Überleben-Wollen wohnt dem Leben inne und ist daher auch ohne äußere Ursache oder Beeinflussung existent.
- Wenn alles Leben sich erhalten und vermehren soll, ist es sinnvoll und praktisch, dass jedes Lebewesen
    - dafür sorgt, dass es Nachkommen hat und dass es diesen gut geht,

- tiefste Angst hat, sein Leben zu verlieren und
- deshalb bis zum Schluss kämpft, um nicht zu sterben.

Und alles bemüht sich zu überleben, alle versuchen es, *alle sind bestrebt*. Jedes Lebewesen bemüht sich, sich in dieser Welt zu behaupten, sogar jedes Samenkorn wartet nur darauf, eine neue Pflanze zu werden. Gleichgültig, wohin es geworfen wurde.

3. Trennung

3. Trennung
3.01

Eine Spinne ist einfach eine Spinne: Grausam wird es erst, wenn wir uns in die Beute hineinversetzen.[28] Dann wird ein Tod sichtbar, den wir selbst auf keinen Fall erleiden wollen: langsam, aussichtslos, hoffnungslos und bewusst. Aber vonseiten der Natur – vonseiten des Prinzips aus – gibt es keinen Gedanken an das Opfer.[29]

Das Prinzip implementiert die Angst vor einem solchen Tod in die Beute, *damit* diese sich so lange wie möglich wehrt und dadurch ihre Überlebenswahrscheinlichkeit erhöht. Persönlich empfundene Furcht ist hierbei ein geforderter Preis für das Prinzip des maximalen Lebens und Überlebens.

Angst ist daher nur real für das eigene Selbst, während das System selbst weder Gefühle kennt noch welche hat. Für das Prin-

[28]Und doch trage ich seufzend eine Spinne in der Wohnung mithilfe eines Glases und eines Blattes Papier nach draußen.

[29]Die Aussagen „Das ist einfach Evolution“ oder äquivalent: „Es ist einfach, wie es ist“ sind in diesem Zusammenhang wertlos, da diese immer gelten und somit keine Bedeutung haben. Viele nutzen diese Sätze nur, um eine unsensible, mitleidlose oder gar zynische Haltung gegenüber dem Leid anderer Lebewesen zu rechtfertigen.

zip ist die Furcht vor dem Tod eine Komponente der Kreatur als Mittel zum Zweck: damit es nicht aufhört, nach dem Erhalt seines Lebens zu streben.

3. Trennung
3.02

Wenn wir uns nun nach kurzem Nachdenken vor Augen halten, was wir zuvor festgestellt haben, kommen wir kaum umhin, dieses Funktionieren unserer Welt als durch ein – aus unserer Sicht – grausames Prinzip gesteuert zu betrachten. Doch hier laufen wir in eine Falle. Die Bewertung als scheinbar grausam beruht auf der Tatsache, dass wir als Teil dieser Welt von dem Prinzip betroffen und ihm unterworfen sind: Wir kennen Angst, die ein elementarer Teil dieses Prinzips ist. Das Prinzip selbst hingegen kennt keine Gefühle und keine Grausamkeit.

Ein wesentlicher Teil des menschlichen Bewusstseins ist, dass wir dieses Prinzip als nicht richtig empfinden. Als Mensch weiß man, was für schreckliche Dinge Menschen einander und den Tieren und Pflanzen antun. Aber was tut der Mensch sich selbst mit dieser Grausamkeit an?

Es ist kein Mensch nötig, um sinnlos zu zerstören[30] und aus der Sicht eines betroffenen Lebewesens überflüssiges Leid zu erzeugen:

---

[30]Wenn wir nicht da wären, würde doch auch etwas fehlen.

Bereits ein Schmetterling im Wald, der sich in einem verlassenen Spinnennetz verfängt und dort einsam und aussichtslos um sein Leben kämpft und dem die Möglichkeit eines kurzen Todes verwehrt wird, ist auch ohne den Menschen eine in ihrer Tragik unvorstellbare Folge dieses Grundprinzips.

Es ist kaum möglich, diese widersprüchliche Spannbreite zu verstehen: Ich habe Mitleid mit der Gazelle, die von einer Löwin gejagt und gefressen wird, aber ich habe auch Mitleid mit der Löwin, wenn diese die Gazelle nicht erlegen kann und somit nichts für ihre Jungen zum Fressen zurückbringt.

Ich liebe die Schönheit und die Vielfalt dieser Erde, aber ich werde nicht akzeptieren, dass es, damit möglichst vieles überleben kann, Kampf, Zerstörung und Töten gibt – auch wenn es einfach ein Teil dessen ist, wie diese Welt funktioniert.

Dieses ganze System, das gesamte Konzept, ist nicht das meine.

3. Trennung
3.03

Die Frage ist: Können wir eine solche Welt ertragen – oder überleben wir innerlich nur, wenn wir unser Herz ein wenig verschließen? Und uns bewusst werden, dass wir all das Leid und die ganze Mitwelt um uns herum nicht wahrnehmen dürfen?[31]

[31] Jeder Mensch hat seine eigenen persönlichen Schatten hinter sich, zu denen er sich nicht hinwenden darf.

3. Trennung
3.04

„Das könnte höllisch sein:
Im Wissen um alles,
in Weisheit zu allem
so zu handeln, wie wir es tun
und keinem die Fehler mitteilen zu können.“[32]

Neben dem Mitgefühl für alles und jeden, das einen ergreifen kann, wenn wir sehen, wie sich alles abmüht und quält, kann uns auch eine tiefe und grenzenlose Trauer überwältigen über die Unveränderbarkeit des Systems, in dem wir leben.

Tief im Menschen existiert die Sehnsucht nach einem anderen Weg.[33] Vielleicht ist auch deshalb der Glaube an einen Gott oder an Gottwesen in der Menschheit fest verwurzelt.[34]

---

[32]Vgl. ngww: *Die Papiere*, Einleitung S. 5, Selbstverlag 1981.
[33]Sehnsucht als Gegengewicht zu Angst.
[34]Meine persönliche Prägung ist christlich, auch wenn die hier dargelegten Überlegungen meine *primäre* Überzeugung sind. Ohne mich auf das Christentum festlegen zu wollen, ist diese Schrift in Sprachgebrauch und Nomenklatur von diesem geprägt.

So ist die äußere Welt[35] eindeutig eine, in der letztlich jede, jeder und alles auf sich selbst gestellt ist.[36]

Gott wäre in diesem Zusammenhang dort zu finden – und ich achte den persönlichen Glauben und werte diesen *nicht* ab –, wo das Prinzip in Lebewesen eingehaucht wird. Danach bleiben diese sich selbst überlassen.[37]

Das Leben, das Lebendige, ist auf diesem Planeten ausgesetzt und erhält als Aufgabe von diesem Prinzip, sich zu erhalten und zu verbreiten. Die Gefühle von Sorge, Furcht und Angst sind folglich einfach notwendige Bausteine dieser Zielsetzung.

Jedes Lebewesen lebt dabei für sich allein. Jedes stirbt für sich allein.

---

[35]Unsere „Um"welt.

[36]Diese Aussage wertet den Zusammenhalt, zum Beispiel in einer guten Familie oder unter Freundinnen und Freunden, auf keinen Fall ab. Dennoch bleibt es bei dieser Einschätzung.

[37]Gott hat etwas anderes zu tun.

3. Trennung
3.05

Wir wissen nichts über Gott, Göttinnen oder Götter. Viele glauben an Gott und besitzen einen tiefen Glauben, wodurch sie für sich selbst Gewissheit erlangen. Doch Gewissheit mit Wissen gleichzusetzen, ist fahrlässig.

Der Glaube gibt keine Antwort.[38] Mit oder ohne Glauben befinden wir uns also in einer Welt, in der wir einsam sind.[39]

---

[38]Ich weiß, dass viele Gläubige dies anders sehen. Aber in Zeiten des persönlichen Zweifels am Glauben wird jedoch deutlich, was ich meine.

[39]Erst durch die Begegnung mit anderen Lebewesen wird unsere eigene Welt erträglich.

3. Trennung
3.06

Gibt es überhaupt *etwas*, das Hoffnung geben kann? Eines ja, und das ist überraschend.

Jeder Mensch trägt Sehnsucht in sich. Und aus den vorherigen Schlussfolgerungen resultiert, dass *jedes* Lebewesen Sehnsucht in sich spürt. Auch:

- das Schwein in der Massentierhaltung,
- das einsame Meerschweinchen, vergessen in seinem Käfig,
- und die verdurstende Wespe hinter einer Glasscheibe

nehmen ihre Situation vollständig wahr und sehnen sich nach einem Ausweg.

Es ist die Sehnsucht nach einer Welt, in der alles friedlicher ist und nicht jede und jeder gegen jeden kämpft. Nach einer Welt ohne den unausweichlichen Tod, der uns in Angst leben lässt, ohne Einsamkeit, die von Zusammengehörigkeit bestimmt ist. *Die leider nur in der Vorstellungskraft existiert.* Und diese Sehnsucht ist stark.

Aber woher kommt sie? Denn eigentlich zeigt uns unsere Außenwelt *nichts*, was uns den Grund geben könnte zu glauben, dass eine solche Welt existiert. Es ist das Gefühl, ohne Veranlassung von außen, aber tief verankert in allen Lebewesen, dass sich Harmonie und Frieden finden lassen können.

Die Welt, in der wir leben, wird immer wieder als „brutal", „hart" oder „grausam" beschrieben. Allein die Verwendung dieser Begriffe zeigt, dass wir Menschen eine bestimmte Vorstellung einer anderen Welt in uns tragen – *die es jedoch nicht gibt*.

Der große Gegensatz zwischen unserer Vorstellung und der tatsächlichen Welt ist überraschend. Und vielleicht der einzige Hinweis darauf, dass diese Welt aus mehr besteht als aus dem, was wir sehen und wahrnehmen.

Worauf basieren meine Annahmen?

Es kann davon ausgegangen werden, dass jede Vorstellung von etwas in irgendeiner Form eine Ursache oder Assoziationsgrundlage haben muss – und sei diese noch so weit von der Realität entfernt oder abstrakt.

Wenn wir diese Aussage als gegeben hinnehmen und die Erde, auf der wir leben, ohne verklärenden Blick betrachten, stellen wir fest, dass diese unsere Welt *eigentlich* nicht in Ordnung ist. Und obwohl wir hier alleingelassen sind, *empfinden wir* dennoch vieles davon als schön.[40] Der Wunsch nach einer harmonischen Welt dominiert. Aber in dem, was wir vor uns sehen, wenn wir jede Art von Verklärung vermeiden, ist diese Schönheit nicht zu entdecken.

Die Welt, die wir uns erhoffen, und die Welt, wie sie ist, sind *so* weit voneinander entfernt, dass wir

- vor vielen Gegebenheiten der Außenwelt die Augen verschließen müssen (weil wir die Realität sonst nicht aushalten) und
- daraus rückfolgern können, dass die Welt, die wir sehen, zu weit von dem entfernt ist, was wir uns erhoffen. Und *zu* weit weg, um eine Wurzel unserer Sehnsucht zu sein. Deutlich zu weit weg.
- Unsere Hoffnung, unsere Sehnsucht und das, was die äußere Welt ist: Die Spanne zwischen der Realität und dem, wovon wir träumen, ist zu groß und zu weit. Wir können hier keine Verbindungsmöglichkeit erschließen.

---

[40]Es braucht keine Menschen, um Harmonie zu erkennen. Tierforscher haben zum Beispiel berichtet, dass Nachtigallen von Menschen ungewollt falsch vorgepfiffene Musikstücke von Mozart wieder in der Originalmelodie wiedergegeben haben.

Das, was wir uns erhoffen, ist so weit von dieser realen Welt, der Außenwelt, entfernt, dass unsere Wunschvorstellung ihren Ursprung nicht in der bestehenden Welt haben kann.[41]

Aber wenn das der Fall ist, wäre das ein indirekter Hinweis – ein Indikator –, dass wir irgendwann, irgendwo auch eine andere Welt kennengelernt haben, die unserer Sehnsucht mehr entspricht.

Dann gäbe es diese Welt und etwas davon wäre real.

Falls.

---

[41] Schriftstellerinnen und Schriftsteller zum Beispiel können sich vieles ausdenken und auch Universen beschreiben, die mit unserer bestehenden Realität nichts zu tun haben. Aber es ist ausgesprochen unwahrscheinlich, dass fast alle Menschen eine eigentliche und ähnliche Vorstellung der Welt erfinden.

3. Trennung
3.07

Unsere eigene Sehnsucht, unsere Hoffnung, dass die Dinge anders sein könnten, als sie sind, trennt uns zutiefst von der Welt um uns herum – weil diese anders *bleiben* wird.

Obwohl wir auf dieser einen Erde geboren sind, gehören wir nicht zu ihr. Diese Welt ist uns fremd.

Es hilft, die Außenwelt zu ertragen, wenn wir uns bewusst werden, dass diese Welt nicht unser Platz ist. Nicht für das, was wir wirklich sind.

3. Trennung
3.08

Wenn Pflanzen und Tiere genauso wie Menschen eine Seele haben, bekommt das Töten eine andere Bedeutung.[42] Aber wenn der Mensch überleben will, *muss* er Leben nehmen.

Es besteht jedoch ein Unterschied zwischen dem Töten eines Tieres und dem tödlichen Abtrennen einer Pflanze. Was könnte hier als Orientierung dienen?

So, wie wir schlussfolgern, dass die Wahrnehmung von Tieren schneller und ausgeprägter ist als die von Pflanzen, können wir annehmen, dass Tiere eine vielschichtige Seele haben. Auch wenn wir wissen, dass diese Schlussfolgerung auf einer Annahme beruht – sie ist für uns eine einigermaßen wahrscheinliche Hypothese. Und wann immer wir die Wahl haben, gilt die Regel: Wir sollten für den Erhalt des Lebens und der Komplexität sorgen, wo immer es möglich ist.

Auf das Töten von Tieren kann fast immer verzichtet werden und dies sollte deshalb

[42] Töten lassen ist ebenfalls töten.

auch getan werden. Dieser Verzicht wird zur Pflicht.

Der Respekt vor Pflanzen als Lebewesen muss gewahrt werden, selbst wenn man sich von ihnen ernährt oder sie zum eigenen Überleben oder zum eigenen Nutzen benötigt. Achtungsfrei zu töten, verändert uns. Und das gilt vor allem dann, wenn wir viele Lebewesen auf einmal vernichten. Schon allein deshalb müssen wir zum Beispiel verhindern, dass wir ganze Ökosysteme zerstören.

Unser Ziel muss sein, den Schaden zu minimieren. Auch der Schaden, den wir uns selbst zufügen, wenn wir zerstören.[43]

Aber es ist wie in der Physik: *Null geht nicht.*[44] Nirgends.

Wir müssen damit leben. Leider.

---

[43]Dazu: Guillermo, Aparicio: *Meine Wehen vergehen: Gedichte*, Gedicht ‚Meine Wehen – vergehen', S. 17f , Alektor-Verlag, Stuttgart,1979:
„Nicht obwohl, sondern deswegen."

[44]Es ist uns nicht möglich, ohne zerstörerischen Einfluss auf unsere Umwelt zu leben. Wir können nur minimieren. In Analogie zu dem physikalischen Gesetz, dass der absolute Nullpunkt der Temperatur nicht erreicht werden kann.
Was logischerweise nicht heißt, dass wir nicht trotzdem eine indirekte Auflage haben, Verantwortung zu übernehmen. Und es hilft uns selbst, wenn wir uns in die Pflicht nehmen, so wenig Zerstörung wie möglich zu verursachen.

3. Trennung
3.09

Töten oder vernachlässigen ist für uns, die wir hier zurechtkommen müssen, sowohl unvermeidbar[45] als auch ein furchtbarer Fehler.

Weil wir uns damit fügen und unterwerfen.

Weil wir uns an dieses System anpassen, welches uns bestimmt. Wir lösen uns selbst auf. Wir verzichten darauf, uns von dem System und der Außenwelt zu unterscheiden.

Wir verlieren uns selbst.

[45]Dazu: Meindertsma, Christien: *PIG 05049 1:1*, Herausgeber: FLOCKS, 2011.

3. Trennung
3.10

Doch was ist, wenn wir uns überfordert fühlen? Wenn wir erkennen, dass wir uns schuldig machen, egal, was wir tun oder wahrnehmen?

Wir müssen reduzieren. Wir können die Welt nicht allein retten. Wenn das System falsch ist, kann man sich dagegen auflehnen. Aber es gibt hier keine Verantwortung von uns: Strategische Fehler sind operativ nicht ausgleichbar.[46]

---

[46]Nicht nur null geht nicht. Auch alles geht nicht. Zum Beispiel sind und werden wir niemals in der Lage sein, die Fehler des Systems auszugleichen. Und wenn wir diese Welt verändern wollen: Wir werden niemals alles retten können, was wir zu retten hoffen.

3. Trennung
3.11

Eine Hummel, die in der Nähe des Ufers in einem See gelandet ist, paddelt in dem verzweifelten Versuch, sich vor dem Ertrinken zu retten: Ich nehme einen Stock und fische sie heraus. Chancenlosigkeit ist furchtbar.

An der Welt ändert das nichts. Für die Hummel ändert es alles.

3. Trennung
3.12

Wir sind und haben uns von dieser Welt getrennt und wenn wir eindeutiger und ruhiger werden wollen, müssen wir jetzt in eine Diskussion eintreten.

Von uns ausgehend, die wir Angst empfinden, mit dem System, in dem wir leben, entstanden aus einem Prinzip, das keine Gefühle kennt, für das Furcht ein notwendiges Puzzlestück ist. Und mit Gott oder dieser Welt – je nachdem, wie viel Glauben wir uns noch bewahrt haben.

Das Wissen, dass wir auch mit einer Trennung vom System geboren wurden, sollte ein wesentlicher Bestandteil unserer Selbstachtung und unseres Stolzes werden.

4. Auf der Anklagebank: Gott

4. Auf der Anklagebank: Gott

4.01

Wo ein Glaube an Gott[47] besteht, sind Religionen nicht weit entfernt. Und wie Ideologien leben diese sehr stark vom Thema „Bewertung“: Was gut oder schlecht ist, wird jeweils relativ genau definiert. Abweichungen entlang der Lebenswirklichkeit werden mehr oder weniger toleriert, in vielen Fällen aber zur Sünde oder zu bestrafendem Fehlverhalten erklärt.

In diesem Zusammenhang ist es interessant, dass die Religionen kleine Fehler mehr werten als schwere. Alle sollen auf die persönlichen Vergehen im Bagatellbereich achten, während in den größten fehl laufenden Strängen nur selten Widerstand gezeigt wird: Es gibt immer eine Vertretung aus einer Glaubensgemeinschaft heraus, die Waffen segnet; ein *wirklicher* Widerstand gegen die massenhafte, unwürdige Behandlung von Verzweifelten oder gegen die unsägliche

---

[47] Aufgrund meines persönlichen christlichen Kontextes spreche ich hier von *einem* Gott. Diejenigen, die an eine Göttin, an mehrere Göttinnen und Götter glauben, bitte ich, diesen Begriff als übergreifend zu verstehen.

Umweltzerstörung ist in den Glaubensgemeinschaften nicht zu erkennen.[48]

Abwehr und eine entschlossene Auseinandersetzung gegen die Verurteilung oder Ächtung einer Person durch eine Religion[49] sind daher Pflicht. Und ob der Widerstand gegen solche Ausgrenzungen Sünde ist, haben Menschen nicht zu beurteilen. Ebenso ist Widerstand gefordert, wenn Freiheiten durch Religionen dort genommen werden, wo diese anderen – Menschen, Tieren, Pflanzen – nicht schaden. Denn für die Einschränkungen im persönlichen Lebensbereich kann es ebenso wie für die Ausgrenzung, weil eine Person in irgendeiner Form oder irgendeiner Prägung von seiner Art oder Sexualität und dergleichen abweicht, wenn kein Schaden dadurch entsteht, keinen Grund geben. Schon von der reinen Logik aus betrachtet.

Denn wie absurd wäre das denn?

Eine Welt oder ein System zu erschaffen, das so widersinnig und traurig ist wie das, in dem wir leben; Menschen, Tiere und Pflanzen hineinzuwerfen, diese kämpfen zu lassen, dabei ihr Verhalten zu beobachten und dann Buch zu führen, wer sich in diesem ab-

---

[48]Gemeint ist hier: fernab von individuellen Leistungen.

[49]... und auch sonst, natürlich ...

surden und undefinierten System wie verhält, nur um es den Lebewesen hinterher vorzuwerfen und sie dann zu verurteilen.

Und das alles nach Regeln, die weder an neue Zeiten anpassbar noch in klaren Prämissen aufgeschrieben und ausgeführt sind: Jesus selbst hat nichts Schriftliches hinterlassen; die Behauptung, die Bibel sei Gottes Wort – und nicht das Geschichte- und Geschichtenbuch, das sie ist – stellt ein Dogma dar, jeder Beleg fehlt. Ähnlich ist es mit dem Koran: Auch dieses Buch wurde unbestreitbar von Menschen geschrieben und erhebt den Anspruch, dass es das Wort Gottes widerspruchsfrei wiedergebe.

Das kann höchstens Glaubende unterstützen. Für alle anderen ist es nicht hilfreich.

Im Hinblick auf die dort festgehaltenen oder hineininterpretierten Einschränkungen und Intoleranzen müssen wir, die wir uns als getrennt von dieser Welt empfinden, in eine Gegendiskussion eintreten.

Denn in diesem vorgegebenen, uns fremden, auf den Einzelnen nicht achtenden System gibt es etwas anderes zu tun, als Sünden zu zählen.

Gott hat etwas anderes zu tun.
Aufräumen zum Beispiel.
Heilen zum Beispiel.

4. Auf der Anklagebank: Gott
4.02

Wenn es, wie in vielen religiösen Lehren beschrieben, einen Himmel und eine Hölle geben soll, dann ergäbe es Sinn, wenn wir vor ein solches Gericht gestellt würden, dass wir in erster Linie an uns selbst dächten, weil wir erkannt haben, dass wir anders sind, dass wir anders fühlen, dass dies nicht unsere Welt ist und dass wir deshalb getrennt sind von dem, was hier beurteilt wird.

Wenn es ein Urteil über uns gäbe, wäre das Gesamtsystem aus unserem Blickwinkel so marode, dass selbst ein „Einlass in einen Himmel" es nicht wert wäre, dort zu sein. Nicht als ein Element, das durch ein solches System gewürdigt wird.

Je nachdem, was über Religionen erzählt wird, bleibt unklar, ob wir die Möglichkeit hätten, uns zu verteidigen. Aber falls wir diese Gelegenheit bekommen sollten: Wir sollten Gott oder welchem Gericht auch immer vorhalten, auf was für einer verqueren Struktur diese Welt, die wir doch so sehr lieben, beruht.

Unter der Maßgabe dieses uns vorgegebenen, gefühllosen Systems soll nun bewertet werden, wer welche Kleinigkeiten richtig oder falsch gemacht hat? Das wäre mindestens unverhältnismäßig. Wir kommen aus einer hochkomplexen und vielfältigen Welt. Und wir sollten uns erhobenen Hauptes wehren und einem solchen Richtenden nicht die Genugtuung geben, auch noch mit unserer Zustimmung binär zwischen nur zwei Seiten zu entscheiden. Himmel oder Hölle oder alles Vergleichbare – was immer dabei herauskommt: Es muss falsch und ungerecht sein.

Es wird ein Teil von *uns selbst* bleiben, uns manches zu vergeben, was wir nicht richtig und was wir verkehrt gemacht haben, oder uns für unverzeihliche Dinge zu verurteilen.

Denn wir hätten es wissen können. Wir haben es gewusst.

4. Auf der Anklagebank: Gott
4.03

Es gibt viele Möglichkeiten, die schlechte Idee von Himmel oder Hölle noch widersprüchlicher zu machen: Eine davon ist der Glaube an die Reinkarnation.

Als Zusammenfassung: Reinkarnation bedeutet, dass die Seele nach dem Tod in einem anderen empfindungsfähigen Wesen wiederkehrt – ein anderer Begriff dafür ist „Seelenwanderung". Entscheidend für die weitere Argumentation ist, dass die gewanderte Seele keine Erinnerung an den vorherigen Zustand oder ihr vorheriges Leben hat. Das bedeutet, dass diese in ihrem Bewusstsein ganz von vorne beginnt.

Und so entsteht und verbleibt die Unlogik genau an diesem Punkt in Form eines Kreises. Wenn es verschiedene Ebenen gäbe, wenn das erste Leben tatsächlich Einfluss und Rückwirkung auf das zweite hätte, wäre es grotesk, beide Leben in *einer* Bewertung miteinander zu vermischen, aber gleichzeitig die Kenntnis dieser beiden Leben voneinander gänzlich zu verhindern.

Es gibt also unter keinem Gesichtspunkt etwas, das durch dieses System logischer oder gerechter werden würde. Und es lassen sich noch einige andere Punkte finden, die dieses Prinzip als absurd und unlogisch erweisen. Abgesehen davon, dass die Aufrechterhaltung eines Reinkarnationsbetriebes Unmengen an überirdischer Bürokratie erfordern würde.

Wie bei allem, was mit dem Tod zu tun hat, gibt es keine Informationen darüber, was nach dem Sterben mit der Seele geschieht. Aber an eine Welt zu glauben, die noch absurder ist als die, die wir bereits sehen, und den Überbau noch zu vergrößern, um eine Welt, die an sich schon ungerecht ist, auf einer noch komplexeren Ebene noch sinnloser zu machen, offenbart das Ausmaß an empfundener Ohnmacht.

Sicher. Das alles ist eine Argumentation entlang der Logik, die gegen solche Elemente eines Glaubens nichts erreichen können wird.

4. Auf der Anklagebank: Gott
4.04

Religionen haben viele Dinge zur Folge, die von außen betrachtet seltsam erscheinen. An dieser Stelle eine kurze Bemerkung zu Opfertieren, wie beispielsweise Opferlämmern. Aus den vorangegangenen Ausführungen wird schnell klar, dass das Töten zum Vergnügen, um des Geschmacks willen, aus Spaß oder wegen einer Religion unentschuldbar ist.

Es ist das Zufügen von Leid an einem Tier – an einer Tiermutter, die dasselbe für ihr Kind empfindet wie ein menschliches Wesen für seines. Das ist unentschuldbar und eine direkte persönliche Schuld. Und als Opfer besonders unwürdig. Sollten wir wirklich hoffen, einer Göttin, einem Gott oder Göttern zu zeigen, dass wir diese Erde wertschätzen, indem wir zum Beispiel ein Lamm schlachten?

Eine Löwin tötet, weil sie eine Löwin ist. Sie hat keine andere Möglichkeit, denn sie will überleben. Der Mensch hat eine Wahl und muss die Konsequenzen ziehen: leben lassen.

4. Auf der Anklagebank: Gott
4.05

Bezüglich des Aspekts „Fehlentwicklung“ wird in diesem Kapitel noch ein weiterer Faktor betrachtet: der Aberglaube.

Jede Art von Aberglauben ist nichts anderes als eine selbst gewählte Einschränkung des eigenen Lebens. Schwarze Katze von links nach rechts oder von rechts nach links (die möchte nur die Straße überqueren!), Albino-Geborene, die Unglück bringen sollen (die Natur experimentiert und *niemand*, insbesondere nicht die Betroffenen, können etwas dafür), Treppen mit dem linken oder dem rechten Fuß zuerst als Muss, Spiegel bei Gestorbenen abhängen, angebliche Unglückszahlen, Voodoo-Flüche, Juju-Praktiken und vieles mehr – all das hat allenfalls Wirkung, wenn daran geglaubt wird und es nicht anders ausprobiert wurde.

Das Befolgen solcher Regeln hat keinen Effekt außerhalb der Selbstbeeinflussung. Aberglauben lässt sich höchstens verwenden, sich selbst anders auszurichten. Er ist gegenwärtig, weil und wenn man denkt, dass er vorhanden ist.[50] Ohne das gibt es keine Wirkungsmöglichkeit. Dieses Wirkprinzip und diese Selbststeuerung gilt es, dauerhaft im Bewusstsein zu halten.

Aberglaube hat *ausschließlich* Einfluss, wenn diese erfundenen und ausgedachten Vorschriften beachtet werden, sonst nicht.

Niemand muss sich also nach Regeln des Aberglaubens richten – da diese ohnehin keine Auswirkung haben, wenn sie ignoriert werden. Von diesen Vorgaben sollte man sich freimachen: Man nimmt sich einfach die Freiheit.[51]

Denn wer oder was sollte durch etwas so Belangloses und Widersprüchliches wie Aberglauben zum Handeln oder zur Veränderung eines Zustandes bewegt werden? Welche Geister? Welche Dämonen? Bereits Achtsamkeit in Richtung Aberglaube verbietet sich.

Und selbst Gläubige müssten dies als Kleingläubigkeit abtun: Eine solche Beein-

---

[50] Wissenschaftlich gesehen sind Nocebo- oder Placebo-Effekte Mittel zur Heilung, in religiöser Hinsicht sind diese jedoch immer gefährlich.

[51] Wenn das Gefühl aufkommt, dass dadurch etwas passieren würde, sollte das einfach ignoriert werden. Dann stellt sich Folgendes heraus: Nichts geschieht. Schon gar nichts Negatives.

flussbarkeit wäre ihres Gottes wohl nicht würdig.

5. Keine göttliche Gnade

5. Keine göttliche Gnade

5.01

Bei vielen Menschen entsteht die Hoffnung auf Barmherzigkeit oder Gnade, wenn sie zu viel Schuld empfinden. Es ist ein Weg, sich der Verantwortung – und für Gläubige der damit eigentlich fälligen Strafe – zu entziehen.

Weil wir unsere Taten nicht mehr ungeschehen machen können.

Und praktischerweise wird die letztendlich zu gewährende Gnade Gott zugesprochen: Diese wird demjenigen gewährt, der entlang der Religion glaubt. Er muss sich nicht mehr in dem Maße und in der Weise verantworten, wie er es nach den religiösen Regeln eigentlich tun müsste. Gnade wird als etwas Wünschenswertes, Hoffnungsvolles oder Erstrebenswertes dargestellt.[52] Damit wir es uns leicht machen können mit unserer Schuld.

---

[52]Die Unlogik der Gnade manifestiert sich, wenn behauptet wird, dass die Gerechtigkeit Gottes mit dieser Unvereinbarkeit von Gnade und Gerechtigkeit das menschliche Denken einfach übersteigt und Logik nur in anderen Dimensionen entstünde. Um diesen Verrat noch auf die Spitze zu treiben, wird behauptet, dass die irdische Logik – oder menschliche Unlogik – durch ablassähnliche Läuterungsmechanismen mehr von der Gerechtigkeit zur Gnade hin verschoben werden kann.

Mit *der* Schuld, die wir unweigerlich und in hohem Maße gegenüber der Umwelt, den Menschen, Tieren und Pflanzen tragen und die wir, wenn wir nicht achtgeben oder wenn wir willkürlich sind, in extremem Ausmaß auf uns laden. Doch mit der Hoffnung auf Barmherzigkeit und Gnade nehmen wir den Bruch mit Gerechtigkeit und Fairness in Kauf.

Es wird oft einfach wegdiskutiert, dass diese beiden letzten Begriffe die Grundlage des Zusammenlebens bilden. Dass diese die Säulen der persönlichen oder staatlichen Stabilität in jeder Beziehung sind.[53]

Außerdem sind sie unersetzbar, denn die Zerstörung der Gerechtigkeit durch Gnade bleibt nicht ohne Folgen. Es kann ihr tatsächlich nur Vergebung entgegengesetzt werden – falls möglich. Gnade ist außerhalb des Persönlichen, insbesondere für Religionen, leicht ein Machtinstrument.

Dabei sollte uns klar sein: Eine ungerechte Handlung, wenn sie in der Vergangenheit liegt, bleibt ungerecht, was auch immer wir an nachträglicher Korrektur versuchen. Keine

[53]Der Begriff der Gerechtigkeit ist so vielschichtig, dass sich eine solche Aussage eigentlich verböte. Aber dennoch ist es hoffentlich erahnbar, was mit dieser Formulierung gemeint ist.

Gnade, keine Definition von Gerechtigkeit, wie auch immer diese aussehen mag, kann eine Tat ungeschehen machen.

Das Tun oder das Nicht-Tun selbst bleibt bestehen und kann nicht mehr geändert werden, denn „es geht kein Weg zurück“[54]. Nichts Geschehenes kann ungeschehen gemacht werden. Im besseren Fall gibt es Erleichterung durch Sühne – die Vergangenheit jedoch ist unabänderlich. Jede Art von versuchter „Wiedergutmachung“ ist ein Akt im Nachhinein und unterscheidet sich damit nicht wesentlich von einer vollzogenen Rache.[55]

Im besten Fall bietet der Versuch der Sühne eine Erleichterung für die von der Ungerechtigkeit Betroffenen – aber allzu oft ist das nicht der Fall. Das Einzige, was zu tun verbleibt, ist, auf die Zeit zu vertrauen und die Gefühle nach Rache abklingen zu lassen. Was manchmal funktioniert.

Vor diesem Hintergrund sollten wir grundsätzlich auf Gnade vor einem wie auch immer

---

[54] Dazu: Wolfsheim (Axel Ermes, Markus Reinhardt, Peter Heppner): *Kein Zurück*, Chappell Music, Inc, 2003, in Genius: https://genius.com/Wolfsheim-kein-zuruck-lyrics (abgerufen am 01.01.2021).

[55] Tatsächlich halte ich Rache für sinnlos. Aber ich finde sie trotzdem oft nachvollziehbar.

gearteten überirdischen Gericht, falls es ein solches geben sollte, verzichten und uns weigern, diese anzunehmen. *Nur so* können wir verhindern, dass das ganze System noch ungerechter wird.

Wollen wir das wirklich, eine gnädige Welt? Zum Beispiel im Christentum: eine Welt, in der die Millionen von Jüdinnen und Juden, die in der Marter der Vernichtungslager umkamen, aus Religionssicht unweigerlich noch danach als Ungläubige in die Hölle fahren müssten, während ihre christlichen Henkerinnen und Henker, falls sie später bereuten und die letzte Ölung empfingen, automatisch einmal in die Schar der Erlösten aufgenommen werden würden?[56]

Das kann und darf nicht sein. Sosehr wir auch die Strafe fürchten mögen: Wenn diese Welt eine sein soll, die uns gehört, dann müssen wir jede Annahme von Gnade ablehnen oder hoffen, dass es keine gibt. Und diese Ablehnung wird *ein* Teil von uns sein, mit dem wir gegen diese weitere Ungerechtigkeit rebellieren.

Indem wir verhandeln.

---

[56]Dazu: Friedrich Dürrenmatt: Beginn von „Vinter“ in: Friedrich Dürrenmatt: Turmbau. Stoffe IV–IX, Copyright © 1986 Diogenes Verlag AG Zürich

Indem wir anders sind.

Indem wir das Konzept „Gnade“ als grundlegende Leitlinie ablehnen. Auch wenn es für uns bedeutet, dass wir uns nun für unsere Fehler verantworten müssen.

Falls es noch eine richtende Instanz nach dem Tod geben sollte und falls diese nicht völlig absurd ist, müssen wir uns für unsere Taten verantworten: für das, was wir anderen angetan haben, und für das, was der Umwelt, der Natur und den anderen Lebewesen unter unserer, teilweise indirekten Beteiligung angetan wurde. Und für jeden Schritt, den wir gegenüber der Natur nicht zurückgewichen sind.[57]

[57]Denn wir Menschen sind zu stark für die Natur.

5. Keine göttliche Gnade
5.02

Wenn wir vor (irgendeinem) Gott erscheinen müssen und wenn die Welt, die dann kommt, irgendeiner Form von Logik unterliegt, die der Mensch als solche empfindet, müssen wir ihn fragen, ob diese Erde sein Wille ist und wie viel abseitiges Glücksspiel in dem Alleinlassen von allem liegt.

Das ist nicht unser System und nicht unser Wille. Und falls wir noch wir selbst sein sollten, sollten wir uns nicht einem Urteil unterwerfen, das nichts anderes wäre als die Zerstörung der letzten Hoffnung: dass am Ende doch alles einen Sinn ergeben möge.[58]

---

[58]Dazu: Imbach, Josef, Herausgeber: *Offene Fragen*, Frauenfeld, Deutschland: Verlag Huber, 1982.

5. Keine göttliche Gnade
5.03

In unserer Hoffnung, dass es in der realen Welt eine Abbildung der friedlicheren Welt gibt, die in uns existiert, können wir versuchen, die Realität in Richtung eines Miteinanders zu verbessern.

Aber als Gegenpart erkennen wir auch einige Menschen, die mehr Böses tun[59] als vorstellbar ist. So sehr, dass selbst reale Ereignisse unfassbar werden.[60]

Wir müssen uns damit abfinden: Menschen, die Schlechtes tun, sind stärker. Weil sie nicht so viele innere Kämpfe ausfechten. Weil sie weniger Kraft in sich selbst verbrauchen – das eigene Gewissen zu korrigieren, kostet Energie. Und Zerstören ist *unglaublich* viel einfacher als Aufbauen. *Das „Böse", um diesen Begriff zu verwenden, ist deutlich stärker als das Gute.*

---

[59] Im Sinne *der* Welt, die wir uns eigentlich erhofft haben.

[60] Dazu: Friedrich Dürrenmatt: „Das Hirn" in: Friedrich Dürrenmatt: Turmbau. Stoffe IV–IX, Copyright © 1986 Diogenes Verlag AG Zürich:
„Sinnlos wie die Wirklichkeit und unbegreiflich wie sie und ohne Grund."

Aber wenn das so ist: Gibt es dann Hoffnung? Gibt es dann überhaupt eine Chance, sich gegen das Böse durchsetzen zu können?

Nur wenn diejenigen, deren Welt anders ist als die derjenigen, die sie zerstören wollen, sich zusammenschließen. Indem sie ein Netzwerk aufbauen, das so stark und so gut organisiert ist, dass es zerstörerische Elemente voneinander trennt und isoliert. Nur so entsteht die Möglichkeit einer Parität.

Gewinnen kann, wer eine ausgewogene und gerechte Welt anstrebt, nicht. Denn gegen reine Stärke lässt sich nicht lange bestehen.

Ein Schwebezustand, in dem die Zerstörung nicht außer Kontrolle gerät; ein Zustand, in dem man über genügend Gegenkraft verfügt, um die sich akkumulierende Macht nicht unkontrollierbar werden zu lassen, indem sie in kleine Einheiten aufgeteilt wird: *Das ist nicht nur schon viel, sondern auch das Maximum, das erreicht werden kann*.

5. Keine göttliche Gnade
5.04

Nur die reine Logik vermag uns daran zu erinnern, dass wir begangenes Unrecht nicht bedingungslos durch Rache ausgleichen: Denn Zerstörung und Rache sowie Rache für Rache, die wieder gerächt werden muss, bringen uns letztlich weiter davon weg, wie wir die Welt gerne hätten und wie diese nicht ist.

Nicht nur Einzelnen gelingt dies. Es gibt Bevölkerungen ganzer Länder, die gezeigt haben, dass der unter ihnen begangene Völkermord schlimmsten Ausmaßes nur deshalb nicht in einer endlosen Kette der Zerstörung endete, weil Täterinnen und Täter – auch unter Druck – bereuten und andere ihnen verziehen.

Was für eine großartige Leistung dieser Menschen. Die längeren Zeiten eines Friedens zwischen Nationen sind alle nur durch den Verzicht auf Rache zustande gekommen.

Es ist klar, dass die Gerechtigkeit Gnade benötigt. Aber so, wie es von Religionen gelehrt wird, ist die göttliche Barmherzigkeit nur ungerecht, nichts anderes. Sie kann auch das Bedürfnis nach Rache nicht befriedigen.

5. Keine göttliche Gnade
5.05

Wenn Vergebung nicht gelingen will oder nicht gelingen kann: Wer will schon verdenken, wenn jemand die Hölle als eine dauerhafte Hoffnung empfindet? Eine Hoffnung, dass diejenigen, die die schrecklichsten Dinge begangen haben, doch noch der Gerechtigkeit ausgeliefert werden, zu der es hier nicht gekommen ist?

Die Sehnsucht nach Rache bleibt. Das Bedürfnis nach Wiedergutmachung bleibt. Denn Sühne ist selten.[61]

Und das Letzte, was man hier als Nichtbetroffener anbieten darf, ist die Barmherzigkeit Gottes für die Täterinnen und Täter, gleichgültig, wie sie sich später verhalten.

---

[61] Ich glaube nicht wirklich an Vergebung. Ich glaube an das Abklingen, also daran, dass erhebliche Teile des Ärgers mit der Zeit abklingen können. Zum Glück sind Menschen verschieden.

5. Keine göttliche Gnade
5.06

Ein paar Worte zum Thema Suizid.

Nach allem, was hier bisher geschrieben wurde, ist klar geworden, dass wir für uns selbst eintreten müssen.

Sich für einen Glauben oder eine Weltanschauung zu töten, ist daher genauso widersinnig, wie sich für eine Religion oder aus Stolz umzubringen. Denn allein ist in diesem System selbst ein Mensch, der einen Glauben hat: so allein, dass Selbsttötung für einen Glauben aus der Sicht des Systems einfach unbeachtet ins Leere läuft. Nur Leid bringend für diejenigen, die einen mögen. In diesem Fall kann sich auch niemand darauf berufen, dass dies so gewollt gewesen sei.

Aber die Gründe für eine Selbsttötung sind so vielschichtig, dass sich eine Beurteilung durch Außenstehende grundsätzlich verbietet: Was geht in einer solchen Extremsituation in einem Menschen vor? Den Außenstehenden fehlt der Einblick.

Ob die Selbsttötung aus eigenem Entschluss der Welt hilft, sei dahingestellt. Wenn damit vor allem Leid entsteht, dann vermutlich nicht. Aber es ist nicht an uns, dies zu beurteilen, es steht uns nicht zu: Selbsttötung an sich ist keine böse Tat.[62] [63]

Sie ist oft nur eine Handlung, die ohne Überblick geschieht. Man kann über die Blindheit einer Fehleinschätzung trauern – und den Mut einer klaren Entscheidung zur Selbsttötung bewundern: Das Wort Sünde – oder gar Todsünde – verbietet sich aus Respekt vor der Situation. Es ist immer Verzweiflung und Mut. Und das verlangt Ehrfurcht und Respekt.[64]

Denn wer sich in unserem System allein gelassen fühlt, hat recht.

Das jedoch sollte kein Grund sein, auf das Schöne, was noch kommen wird, zu verzichten. Es ist eine Eigenschaft und Gabe von Lebewesen, Harmonie und Ausgleich wahrzunehmen und in schöne Momente eintauchen und versinken zu können.[65] *Das* haben

---

[62]Außer, wenn ein „Sich-selbst-Töten" andere in den Abgrund reißt.

[63]Auf jeden Fall ist Selbsttötung keine „Todsünde" oder etwas Ähnliches. Wie sollte es auch? Was könnte hierfür eine Begründung sein? Nichts.

[64]Aber wie soll Achtung empfunden werden, wenn man selbst von der Trauer erdrückt wird?

[65]Vgl. Gerhard Schöne: *Vielleicht wird's nie wieder so schön,* 1988, in Genius: https://genius.com/Gerhard-schone-vielleicht-wirds-nie-wieder-so-schon-lyrics (abgerufen am 01.01.2021).
„Vielleicht wird's nie wieder so schön →

(Fortsetzung der Fußnote S. 94)

← Ich denk noch manchmal an den Sonntag – ich war vielleicht acht Jahre alt.
Ich ging mit Vater ins Museum, da drinnen war es hundekalt.
Er nahm mich unter seinen Mantel und sagte: „Komm, wir spieln Kamel!"
Wir stapften kichernd durchs Museum – die Aufsichtstanten guckten scheel.
An der verschneiten Haltestelle durft' ich auf seinen Füßen stehn,
ich hielt mich fest an ihm und dachte: Vielleicht wird's nie wieder so schön.

Bevor wir auseinander gingen, fuhr unsre Klasse noch einmal in ein Barackenferienlager mit einem kleinen See im Tal.
Am letzten Abend ein Getuschel: Wir treffen uns am See heut Nacht.
Wir schlichen uns aus den Baracken, die Lehrer sind nicht aufgewacht.
Wir schwammen nackt ans andre Ufer und haben uns schüchtern angesehn im weißen Mondlicht und ich dachte: Vielleicht wird's nie wieder so schön.

Am Bahnsteig lernte ich sie kennen, sie hatten ihren Zug verpasst:
Die sieben polnischen Studenten, jetzt waren sie bei mir zu Gast. →

wir der Natur voraus und können es nur untereinander teilen. Schönheit, Tiefe und Genuss kennt das System nicht und kann es auch nicht kennen.

(Fortsetzung der Fußnote S. 95)

← Die Mädchen schmierten ein paar Brote, die Jungen haben Wein besorgt und ich hab mir bei meinen Nachbarn 'nen Stapel Decken ausgeborgt.
Wir sangen „Dona nobis pacem", „Give peace a chance" und „Penny Lane" – als wir uns früh umarmten, dacht ich: Vielleicht wird's nie wieder so schön.

Damals im Zelt mit meiner Freundin, die erste Nacht mit ihr allein.
Wir wagten nicht, uns auszuziehen – und krochen in den Schlafsack rein.
Wir schmiegten uns ganz aneinander, ich hab nur ihr Gesicht berührt:
Als sie schon schlief, hab ich noch immer ihr Atmen wie ein Glück gespürt.
Obwohl mir schon die Arme schmerzten, ich dacht nicht daran, mich umzudrehn –
es wurde morgen und ich dachte: Vielleicht wird's nie wieder so schön.
Noch manchmal, wenn wir uns umarmten, oft grundlos traurig, grundlos froh,
einmal als ich ein Mädchen hörte, in einer Kirche irgendwo,
als wir klitschnass am Waldrand hockten und da ein Regenbogen stand,
und wenn ich Menschen plötzlich mochte, die ich vorher noch nicht gekannt.
Wenn ich's vor Heimweh nicht mehr aushielt und fuhr zurück, um dich zu sehn:
In vielen Augenblicken dacht ich: Vielleicht wird's nie wieder so schön."

6. Was bleibt?

6. Was bleibt?

6.01

Es ist unklar, ob und wie es nach unserem Tod weitergehen wird. Und es wird unbeantwortbar bleiben: Keine intellektuell logische und konsistente Beweisführung kann eine diesbezügliche Aussage ermöglichen.

Ob es vorbei ist, ob wir zu einem Ursprung unserer Sehnsucht zurückkehren, ob es ein „Gericht" gibt oder ob wir, alles wissend und in Weisheit zu allem, uns selbst richten werden – all dies ist unklar und wird für immer unklar bleiben.

Es wird prinzipiell keine Möglichkeit eines Nachweises geben. Ob es weitergeht, liegt in bekennender Unkenntnis oder dem Glauben.[66]

[66] Um mehr wissen zu können, müssten wir herausfinden, ob es Geist ohne Materie gibt. Dies ist der grundlegende Schlüssel für weiteres Wissen auf diesem Gebiet, aber das liegt aller Voraussicht nach außerhalb unserer Reichweite.

6. Was bleibt?
6.02

Die nicht sehr scharfsinnige Aussage, dass der allgemeine Überlebenskampf „einfach Evolution“ sei und deshalb mitgemordet werden dürfe, bewegt sich im Bereich einer der schlechtesten Haltungen des Menschen: dem „Egal“, es sei halt so.

Diese Aussage bedingt geistige Trägheit und verhindert eine Konfrontation mit der eigenen Einordnung. Denn wenn wir uns nicht mehr an dieser Welt reiben – wo spürten wir uns denn dann noch selbst? Gleichzeitig bietet sie eine Grundlage für die Grausamkeiten derjenigen, die falsch handeln wollen.

„Doch damit nicht genug. Denn es braucht nicht den endlos Gleichgültigen, um Unmaß an Leid zu erzeugen.

Viele kleine Schritte sind so gut wie ein großer:

Institutionalisierte Aufteilung reicht dem Zynismus die Hand,

Übelstes wird an viele verteilt,

damit die Verantwortung nicht ein Einzelner tragen muss.

So kann das kleine Rad im Getriebe

für Unfassbares verantwortlich werden: Und es wird sich nicht freisprechen können."[67]

„Egal" ist eine Form des Aufgebens. Eine zynische Form. Es entfernt die Menschlichkeit.

Man kann so leben.

Aber *ich* will nicht so sein. *Das ist nicht meine Welt.* Auch wenn ich weiß, dass ich in den Kampf der Evolution und in dieses System hineingeboren wurde: sich anders verhalten; jedes bisschen, das sich von dieser Härte unterscheidet, hilft.

Und: Es zeigt sich, dass diejenigen, die sich verantwortlich fühlen, viel mehr davon haben, als die anderen erahnen können.

---

[67]Vgl. ngww: *Die Papiere*, S. 43, Selbstverlag 1981.

6. Was bleibt?
6.03

Eigentlich sind wir einsam; in eine Welt geworfen, die nicht unsere eigene ist und getrennt von dem System, in dem wir leben – unserer Außenwelt.

In unserer Sehnsucht sollte die Welt anders sein. Weniger grausam und mit mehr Respekt für das einzelne Lebewesen. Eine Welt, die das Einzelne nicht nur als statistisches Beiwerk benötigt, um das Leben zu erhalten.[68]

Eine Welt, in der nicht jedes Lebewesen kämpfen muss, in der nicht schon jedes Samenkorn mit Leben und Überlebenswillen ausgestattet wird, damit es sich ansiedeln wird, egal, wie unwirtlich oder tödlich der Ort auch sein mag, an den es geworfen wurde. Es wird in vielen Fällen am falschen Platz zur Pflanze, behaftet mit dem Willen zu überleben, mit Bewusstsein und der Angst vor dem Tod, um dort zu sterben – damit das System ausprobieren kann, ob sich Leben dorthin

---

[68] Auch wenn wir erkennen können, dass dieses Prinzip höchst flexibel und funktional ist.

bringen lässt.[69] Weil dieses System sehr erfolgreich den Weg des Zufalls gewählt hat, Leben zu verbreiten.[70]

Bewusstsein, Lebenswille und die Angst vor dem Tod werden hier mitgegeben, damit sichergestellt ist, dass die Pflanze genug kämpft. Und so verhält es sich auch bei den Tieren und bei den Menschen.[71]

Das Einzige, das Respekt vor dem Einzelnen hat, ist das Einzelne selbst. Das System, das aus dem Prinzip entstanden ist, kennt Individuen nicht einmal und verfügt deswegen auch über keine Wertschätzung für diese.[72]

Wenn wir unser Mitgefühl und unser Mitleid erhalten, erkennen wir das – und es macht es uns schwer, diesem elenden Schauspiel zuzusehen.[73]

Aber Mitgefühl gibt uns auch das Bewusstsein, dass dies nicht unsere Welt ist und niemals sein wird. Und den Stolz, zu erkennen

---

[69] „Auf dem Teller ist es Speise, neben dem Teller ist es Abfall."

[70] Stygobionten sind hier ein bemerkenswertes Beispiel aus der Tierwelt.

[71] Ebenso werden viele Menschen an Orten geboren, an denen es keinerlei Chance auf ein gutes Leben gibt.

[72] Die Natur hat mit ihrem System „stark gegen schwach" etwas geschaffen, das stärker ist als die Natur. Der Algorithmus greift zu weit, selbst für die Natur.

[73] Wir sind doch nicht auf der Erde, um das Leben nur zu ertragen.

und mit unseren Handlungen ein Zeichen setzen zu können, dass wir nicht *wie* diese Welt sind. Nicht wie dieses System, das auf einem logischen und nachvollziehbaren, aber verachtenden Prinzip beruht. *Wir* kennen Einzelwesen. Wir kennen die Schönheit der Vielfalt, das Bunte; *uns* ist gegeben, aus einem einfachen Sonnenuntergang ein Erlebnis zu machen.

Wir können nur versuchen, ein Zeichen zu setzen. Behutsam zu sein, die Vielfalt zu unterstützen und mit dem, was wir tun, die Welt, die sich so sehr von dem unterscheidet, was wir uns von ihr erhoffen, mehr in die Richtung zu bringen, *in die sie sich sowieso bewegt*, auch ohne unser Zutun:

In Richtung von mehr Leben und Vielfalt.[74]

Und da wir in *diesem* Punkt mit dem System übereinstimmen können, ist das unsere Chance, einen großen Widerspruch aufzulösen.

Und wir können darauf hinwirken, nicht ein weiteres grausames Glied in einem aus unserer Perspektive bereits gnadenlosen und tödlichen System zu sein.

---

[74] Dazu gehört auch: einen Schritt zurücktreten. Nicht alles tun, was uns erlaubt ist.

Bereits wenn wir Gegenwehr leisten, können wir stolz auf uns sein.[75]

---

[75]Der griechischen Legende nach war Sisyphos ein sehr begabter Sohn des Königs von Korinth. Weil er sich wiederholt den Göttern widersetzte, verdammten sie ihn zu einer Strafe: Einen Felsbrocken immer wieder einen Berg hinaufzuwälzen, der, nachdem er fast den Gipfel erreicht hat, immer wieder ins Tal zurückrollt. Die Strafe, für immer eine Situation zu durchleben, die durch ihre Sinnlosigkeit absurd ist.
Was nach einer endlosen Tortur klingt, wird von Albert Camus am Ende seines Buches *„Der Mythos von Sisyphos"* so erweitert, dass diese Strafe, die immer wiederkehrende Aufforderung, den Stein zu wälzen, aus der Sicht von Sisyphos zum Sinnbild des Lebens selbst wird. Die Strafe erscheint Sisyphos nicht so, wie sie für ihn vorgesehen war, denn er kann die Absurdität und die immer wieder erneuerte Mühsal – wie seine Pflicht, einen Stein wiederholt zu wälzen – überall auf der Erde in Entsprechung erkennen.
Mühsal und Kampf gegen Dinge, die „immer wieder bergab rollen", erleben wir überall. Indem er diese Strafe auf sich nimmt, denn er weiß, dass die Welt so beschaffen ist, dass *jeder und jede* immer gegen Widrigkeiten ankämpfen muss, und weil er weiß, dass diese Welt so beschaffen ist, dass der Kampf zum Überleben notwendig ist, zeigt er seinen ganzen Stolz. Er ist stolz darauf, sich seiner selbst und seiner Rolle in diesem ewigen Kampf bewusst zu sein: Er akzeptiert die Strafe der Göttinnen und Götter, weil es ohne diese Strafe nicht anders wäre. Denn die Welt, in der wir leben, ist so beschaffen, dass wir ohnehin immer gegen Widerstände ankämpfen müssen. Da macht die Aufforderung, den Stein zu wälzen, für ihn keinen großen Unterschied.
Der ständige Kampf gegen Widerstände ist ein Teil unseres Daseins; die wenigen, die diesen Kampf nicht haben, sind Ausnahmen, an denen es sich nicht zu orientieren gilt. Und weil dies so ist, und weil wir uns immer wieder dieser Welt stellen müssen, weil wir das mit Stolz tun können, können wir uns selbst Sisyphos als einen glücklichen Menschen vorstellen.[78] →

Auch wenn wir chancenlos sind: Widerstand ist nicht zwecklos.

← Und wir selbst, vor allem, wenn wir unsere Zielrichtung Richtung Leben haben, wenn wir uns unserer selbst und unseres Widerstandes bewusst sind und der Brutalität dieser uns fremden Welt widerstehen, können glücklich werden.

78Vgl. Camus, Albert: *Der Mythos des Sisyphos*, Vincent von Wroblewsky (Übers.), Reinbek bei Hamburg: Rowohlt, 1999, S. 155 ff:

„Wir müssen uns Sisyphos als einen glücklichen Menschen vorstellen.“

Literaturverzeichnis

- Buber, Martin: Werke: Erster Band, *Schriften zur Philosophie*, Berlin, Deutschland: Lambert Schneider Verlag, 1962.
- Camus, Albert/Vincent von Wroblewsky: *Der Mythos des Sisyphos*, Hamburg, Deutschland: Rowohlt-Verlag, 1999.
- Dürrenmatt, Friedrich: Gesammelte Werke: *Stoffe, Zusammenhänge*, Zürich, Schweiz: Diogenes, 1996.
- Guillermo, Aparicio: *Meine Wehen vergehen: Gedichte*, Deutschland: Alektor-Verlag, 1997.
- Imbach, Josef, Herausgeber: *Offene Fragen,* Frauenfeld, Deutschland: Verlag Huber, 1982.
- Meindertsma, Christien: *PIG 05049 1:1*, Herausgeber: FLOCKS, 2011.
- ngww: *Die Papiere*, Selbstverlag, 1981.
- Ricoeur, Paul: *Das Selbst als ein Anderer*, Wilhelm Fink Verlag, 2001.
- Gerhard Schöne: *Vielleicht wird's nie wieder so schön,* 1988, in Genius: https://genius.com/Gerhard-schone-vielleicht-wirds-nie-wieder-so-schon-lyrics (abgerufen am 1.1.2021).

- Wolfsheim (Axel Ermes, Markus Reinhardt, Peter Heppner): *Kein Zurück*, Chappell Music, Inc, 2003, in Genius: https://genius.com/Wolfsheim-kein-zuruck-lyrics (abgerufen am 01.01.2021).

Über den Autor

Max Walther, 1964 in Mainz geboren, wurde schon als Jugendlicher von grundlegenden philosophischen Fragen angetrieben. Und Bücher blieben ihm zeitlebens treue Begleiter, sowohl in seinem Berufsleben als Physiker als auch später als langjähriger IT-Organisator.

Ende 2020 schrieb er das Buch „Wenn dies so ist (Gott hat etwas anderes zu tun)“ als Antwort auf eine Auseinandersetzung über den Begriff der Sünde und Sichtweisen zum Willen Gottes, die in einem seiner Umfelder intensiv geführt wurde.